THE

ÃTMABODHA,

WITH ITS COMMENTARY

ALSO THE

TATTWA-BODHA

THE

ÃTMABODHA,

WITH ITS COMMENTARY

ALSO THE

TATTWA-BODHA:

BEING

TWO TREATISES OF INDIAN PANTHEISM

ADI SHANKARA, FITZEDWARD HALL

GYAN

Published by

Gyan Publishing House
5, Ansari Road
Daryaganj, New Delhi-110002
Phone: 011-47034999, 9811692060
E-mail: books@gyanbooks.com

Distribution Network
gyanbooks.com
India, USA, Canada, UK, Australia

ISBN: 978-93-6780-466-7 (HB)

First Published, 1852

2nd Impression 2024

Printed at: Gyan Press, Delhi.

THE ÃTMABODHA, WITH ITS COMMENTARY
ALSO THE TATTWA-BODHA
Author: ADI SHANKARA, FITZEDWARD HALL

THE

ĀTMA-BODHA,

WITH ITS COMMENTARY;

ALSO THE

TATTWA-BODHA:

BEING

TWO TREATISES OF INDIAN PANTHEISM.

MIRZAPORE:

PRINTED FOR THE EDITOR, BY R. C. MATHER, SUPT.

AT THE ORPHAN SCHOOL PRESS.

1852.

श्रीमच्छङ्कराचार्यकृतत्वेन विख्यातोऽविज्ञातकर्तृकया

टीकया सहित

आत्मबोधः ।

तथाविज्ञातकर्तृकम्

तत्त्वबोधः ।

इत्येतद्वेदान्तप्रकरणद्वयं यन्मध्ये प्रथममेकादशमितादर्शपुस्तकसाहाय्येन द्वितीयं च पञ्चमितादर्शपुस्तकसाहाय्येनानेकपण्डितैः संशोध्य श्रीमद्वाराणसीस्थराजकीयपाठालयाध्यापकश्रीबालमहाशयैर्मुद्रणद्वारा प्रकाशितम् ।

मिर्जापुराख्यनगरेऽनाथमुद्रानामकयन्त्रशालायां मान्यश्रीमेथरमहाशयेन मुद्रितम् ।

ईसवीये १८५२ शके ।

॥ श्रीपरमेश्वरो जयति ॥

॥ आत्मबोधः ॥

शतमखपूजितपादं शतपथमनसोऽप्यगोचराकारम् ।
विकसितजलरुहनेत्रं सीतावामाङ्कमाश्रये रामम् ॥

इह खलु भगवान् शङ्कराचार्य उत्तमाधिकारिणां वेदान्तप्रस्थानत्रयं निर्माय तदवलोकनेऽसमर्थानां मन्दबुद्धीनामनुग्रहार्थं सर्ववेदान्तसिद्धान्तसङ्ग्रहमात्मबोधाख्यं प्रकरणं निर्दिदर्शयिषुः प्रतिजानीते ।

तपोभिः क्षीणपापानां शान्तानां वीतरागिणाम् ।
मुमुक्षूणामपेक्ष्योऽयमात्मबोधो विधीयते ॥ १ ॥

तपोभिरिति । कृच्छ्रचान्द्रायणनित्यनैमित्तिकोपासनाद्यनुष्ठानरूपैस्तपोभिः क्षीणानि पापानि रागाद्यन्तःकरणदोषा येषां तेषाम् । नित्यनैमित्तिकैरेव कुर्वाणो दुरितक्षयमिति वचनात् । अत एव शान्तानाम् । अक्षोभिताशयानाम् । वीतरागिणाम् । इहामुत्रार्थफलभोगविरागिणाम् । मुमुक्षूणाम् । संसारग्रन्थिभेदने कृतप्रयत्नानां यथोक्तसाधनसम्पन्नानाम् । अयमात्मबो-

धो विधीयते । विधिमुखेनावश्यकतया प्रतिपाद्यत इत्यर्थः ॥ १ ॥
ननु तपोमन्त्रकर्मयोगाद्यनेकसाधनेषु सत्सु मोक्षं प्रति बोध एव किमिति प्राधान्येनोच्यत इत्यत आह ।

बोधोऽन्यसाधनेभ्यो हि साक्षान्मोक्षैकसाधनम् ।
पाकस्य वह्निवज्ज्ञानं विना मोक्षो न सिद्ध्यति ॥ २ ॥

बोध इति । तपोमन्त्रकर्मयोगादिसाधनानि परम्परया क्रमेण ज्ञानद्वारा मोक्षं साधयन्ति ज्ञानं तु स्वजन्ममात्रादेवाज्ञानं निःशेषं नाशयित्वा मुमुक्षुं स्वाराज्येऽभिषेचयति । अतोऽन्यसाधनेभ्यो ज्ञानस्य प्राधान्यमुक्तम् । तदेव दृष्टान्तेन द्रढयति । पाकस्येति । यथा लोके पचनक्रियायां काष्ठजलभाण्डादिसाधनेषु सत्स्वपि वह्निं विना पाको न सिद्ध्यति तद्वज्ज्ञानं विना मोक्षो न सिद्ध्यतीत्यर्थः ॥ २ ॥ ननु कर्मणां विचित्रशक्तिमत्त्वात् कर्मैवाज्ञानं नाशयिष्यति किमात्मज्ञानेनेत्याशङ्क्य कर्माज्ञानयोर्विरोधाभावान्नैवमित्याह ।

अविरोधितया कर्म नाविद्यां विनिवर्तयेत् ।
विद्याविद्यां निहन्त्येव तेजस्तिमिरसङ्घवत् ॥ ३ ॥

अविरोधीति । कर्मणोऽविद्याविरोधाभावात् कर्माज्ञानं नाशयितुं नोत्सहते विद्या तु प्रकाशरूपत्वादन्धं तमस्तेजःपुञ्ज इव नाशयितुं

समर्थ इत्यर्थः ॥ ३ ॥ ननु प्रतिशरीरमात्मा परिच्छिन्न एवोपलभ्यते कथमस्य कैवल्यमित्यत आह ।

परिच्छिन्न इवाज्ञानात् तन्नाशे सति केवलः ।
स्वयं प्रकाशते ह्यात्मा मेघापायेंऽशुमानिव ॥ ४ ॥

परिच्छिन्न इति । परिपूर्णस्याद्वितीयस्यात्मनोऽज्ञानपरिकल्पितोच्चावचशरीराध्यासकृतं परिच्छिन्नत्वमविवेककृतमेव न तु तत्त्वदृष्ट्या । अतो विवेकज्ञानेनाविवेकहानादात्मा केवल एव प्रकाशते मेघावरणाभावे भानुवदित्यर्थः ॥ ४ ॥ नन्वात्मनोऽद्वैतसिद्धिरयुक्ता इति ज्ञानेन द्वैतसिद्धेरित्यत आह ।

अज्ञानकलुषं जीवं ज्ञानाभ्यासाद्विनिर्मलम् ।
कृत्वा ज्ञानं स्वयं नश्येज्जलं कतकरेणुवत् ॥ ५ ॥

अज्ञानेति । अज्ञानकार्यभूतैरहमादिभिः कलुषीकृतं कर्तृत्वभोक्तृत्वाद्यभिमानिनं जीवं ज्ञानं कर्तृ ज्ञानाभ्यासाद्विनिर्मलं कृत्वा चिरकालाभ्यासवशादज्ञानशमनद्वारा तत्कार्यान्तःकरणादिकं निःशेषं नाशयित्वा स्वयमपि नश्यति । अज्ञानकार्यत्वात् तद्वत्तेः । तच्च प्रतिबिम्बितं ज्ञानमात्माभासत्वादात्मन्येवैकीभवति । तदानीमद्वय एवात्मा प्रकाशते । यथा कतकरेणुराविलं जलं निर्मलं कृत्वा स्वयमपि नश्यति तद्वदित्यर्थः ॥ ५ ॥ नन्वपरोक्षतया-

नुभूयमानस्य संसारस्य कथमत्यन्तमसत्त्वं प्रत्यक्षविरुद्धमित्याशङ्क्य स्वप्नदृष्टान्तेनास्य मिथ्यात्वं साधयति ।

संसारः स्वप्नतुल्यो हि रागद्वेषादिसङ्कुलः ।
स्वकाले सत्यवद्भाति प्रबोधेऽसत्यवद्भवेत् ॥ ६ ॥

संसार इति । रागद्वेषादिभिः सङ्कुलायमानः संसारः स्वकाले स्वस्य कारणभूताज्ञाने स्थिते सति तावन्मिथ्याभूतोऽप्ययं संसारः सन्निवाभाति । प्रबोधे सति वाक्यश्रवणादात्मज्ञानोत्पत्तावसन्निव भवति । तत्र दृष्टान्तः स्वप्नतुल्य इति । स्वप्नो हि यावन्निद्रानुभूयते तावन्मिथ्याभूतोऽपि सत्य इव भाति प्रबोधे निद्रानाशे सति मिथ्या तद्वदित्यर्थः ॥ ६ ॥ जगन्मिथ्यात्वमेव दृष्टान्तान्तरेण द्रढयति ।

तावत् सत्यं जगद्भाति शुक्तिकारजतं यथा ।
यावन्न ज्ञायते ब्रह्म सर्वाधिष्ठानमद्वयम् ॥ ७ ॥

तावदिति । यथा नीलपृष्ठत्रिकोणादि शुक्तिशकलविशेषज्ञानं यावन्नोत्पद्यते तावद्रजतज्ञानं सत्यमेवानुभूयते तथा सर्वाधिष्ठानभूतं सच्चिदानन्दाद्वयं ब्रह्म यावन्न ज्ञायते साक्षान्नानुभूयते तावज्जगत् संसारः सत्य इव भ्रान्त्या दृश्यत इत्यर्थः ॥ ७ ॥ सर्वं दृश्यं प्रपञ्चजातं ब्रह्मण्येव मायाकल्पितमिति प्रतिपादयति ।

सच्चिदात्मन्यनुस्यूते नित्ये विष्णौ प्रकल्पिताः ।
व्यक्तयो विविधाः सर्वा हाटके कटकादिवत् ॥ ८ ॥

सच्चिदिति । सत्यज्ञानानन्दात्मनि सर्वानुस्यूते नित्ये विष्णौ व्यापके ब्रह्मणि सर्वाः स्थावरजङ्गमरूपा विविधा अपि व्यक्तयो हेम्नि कटकमुकुटादय इव कल्पिता एव । ब्रह्मण्यभिन्ना इत्यर्थः ॥ ८ ॥ उक्तमर्थमाकाशदृष्टान्तेन दृढयति ।

यथाकाशो हृषीकेशो नानोपाधिगतो विभुः ।
तद्भेदाद्भिन्नवद्भाति तन्नाशादेकवद्भवेत् ॥ ९ ॥

यथेति । हृषीकेशो मनःप्रभृतिसर्वेन्द्रियप्रवर्तको नियामको वा विभुः सर्वगतः परमेश्वरः स्वमायया परिकल्पितनानाविधोपाधिषु प्रतिबिम्बितः सन् नानेव भाति । तन्नाशे सति ब्रह्मात्मैक्यज्ञानेन तेषां मायया परिकल्पितदेहाद्युपाधीनां नाशे सति केवलमेकवद्भाति । यथैक एवाकाशो घटमठाद्युपाधिषु नानाविधो भवत्युपाधिलयादेकवद्भवति तद्वदित्यर्थः ॥ ९ ॥ ननु सर्वदेहेषु तत्तज्जात्यादिभिरनुबद्धस्य कथं नित्यमुक्तत्वमुच्यते तत्राह ।

नानोपाधिवशादेव जातिनामाश्रमादयः ।
आत्मन्यारोपितास्तोये रसवर्णादिभेदवत् ॥ १० ॥

नानोपाधीति । पूर्वोक्तनानोपाधिवशादेवात्मनि जातिनामा-

अनादय आरोपिता मायाकल्पिता न तु स्वतः । यथा स्वभावमधुरं जलं कटुतीक्ष्णमधुराम्लरक्तपीतादिद्रव्योपेतं सत् तत्तद्रूपं भवति न तु स्वरूपेण तद्वदित्यर्थः ॥ १० ॥ आत्मनोऽविद्यापरिकल्पितोपाधित्रयमध्ये स्थूलोपाधिमाह ॥

पञ्चीकृतमहाभूतसम्भवं कर्मसञ्चितम् ।
शरीरं सुखदुःखानां भोगायतनमुच्यते ॥ ११ ॥

पञ्चीति । पञ्चानां भूतानां प्रत्येकं द्विधा विभज्य तत्रैकैकमर्द्धं चतुर्धा विभज्य स्वांशं परित्यज्य तेषु योजनं पञ्चीकरणम् । एवं पञ्चीकृतेभ्यः स्थूलपृथिव्यादिमहाभूतेभ्यः सम्भवो यस्य तत् प्रारब्धकर्मभिः सञ्चितं रचितं स्थूलं शरीरं सुखदुःखानां भोगायतनं भोगस्थानं प्रत्यगात्मन इति ॥ ११ ॥ सूक्ष्मोपाधिमाह ।

पञ्चप्राणमनोबुद्धिदशेन्द्रियसमन्वितम् ।
अपञ्चीकृतभूतोत्थं सूक्ष्माङ्गं भोगसाधनम् ॥ १२ ॥

पञ्चेति । पञ्च प्राणा एकस्यैव महाप्राणस्य पञ्च वृत्तयः । ज्ञानेन्द्रियकर्मेन्द्रियभेदेनेन्द्रियाणि दश । मनःशब्देन सङ्कल्पविकल्पात्मिकान्तःकरणवृत्तिः । बुद्धिर्निश्चयात्मिका । एतैः संयुक्तमपञ्चीकृतभूतोत्थं सूक्ष्मभूतजातं सूक्ष्माङ्गं लिङ्गशरीरं सुखदुःखभोगसाधनमित्यर्थः ॥ १२ ॥ तृतीयं कारणोपाधिमाह ।

अनाद्यविद्यानिर्वाच्या कारणोपाधिरुच्यते ।
उपाधित्रितयादन्यमात्मानमवधारयेत् ॥ १३ ॥

अनादीति । सदसद्भ्यामनिर्वाच्याविद्यानादिभूता कारणोपाधिरुच्यते । सा च समष्टिव्यष्टिभेदेन स्थूलसूक्ष्मप्रपञ्चयोः कारणभूतत्वात् कारणोपाधिरुच्यते । उपाधित्रयकथने प्रयोजनमाह । उपाधित्रितयादन्यमिति । तत्साक्षिणमात्मानमवधारयेज्जानीयादित्यर्थः ॥ १३ ॥ नन्वन्नमयादिकोशेषु व्याप्य तत्तन्मयतया स्थितस्य कुतो नित्यत्वमुच्यत इत्याशङ्क्याह ।

पञ्चकोशादियोगेन तत्तन्मय इव स्थितः ।
शुद्धात्मा नीलवस्त्रादियोगेन स्फटिको यथा ॥ १४ ॥

पञ्चकोशेति । अन्नमयप्राणमयमनोमयविज्ञानमयानन्दमयाः पञ्च कोशाः । आदिशब्देन क्षुत्पिपासादिग्रहणम् । एतैर्योगेन मिथ्यातादात्म्येन तत्तन्मय इव स्थित आत्मा शुद्धो न तु तेषु वस्तुतो रञ्जितः । वेदोऽपि स वा एष पुरुषोऽन्नरसमय इत्यादिभिः सूक्ष्मवस्तुदर्शनार्थमेवोपाधिस्थं ब्रह्म सूचयति न तु तत्त्वदृष्ट्या । यथा निर्मलः स्फटिको नीलपीतादियोगेन तत्तन्मय इव भाति वस्तुतो नास्ति तै रञ्जनात् तद्वदित्यर्थः ॥ १४ ॥ असङ्गात्मस्वरूपज्ञानविवेचनप्रकारमाह ।

वपुस्तुषादिभिः कोशैर्युक्तं युक्त्यावघाततः ।
आत्मानमान्तरं शुद्धं विविच्यात् तण्डुलं यथा ॥ १५ ॥

वपुरिति । पञ्चकोशैस्तावदात्मनि स्थितं वपुः स्थूलं शरीरं तुषादिभिर्युक्तं तण्डुलमिव युक्त्यावघाततोऽवहननाच्छुद्धमात्मानं तण्डुलमिव विविच्यादिविवेकेन जानीयात् । अयं स्थूलदेहोऽपि नात्मा भूतकार्यत्वाद्घटवत् सूक्ष्मदेहोऽपि नात्मा देहत्वात् स्थूलदेहवदित्यनुमानादिना तेभ्यः कोशेभ्यो भिन्नमात्मानं विविच्य जानीयादित्यर्थः ॥ १५ ॥ नन्वात्मा सर्वगतस्तर्हि किं सर्वत्र सर्वैर्न दृश्यत इत्यत्राह ।

सदा सर्वगतोऽप्यात्मा न सर्वत्रावभासते ।
बुद्धावेवावभासेत स्वच्छेषु प्रतिबिम्बवत् ॥ १६ ॥

सदेति । आत्मा सर्वगतोऽपि सर्वत्र व्याप्य स्थितोऽपि जडैर्बहिः-प्रवृत्ताद्यैर्न प्रकाश्यते । रागादिभिरविद्धायां बुद्धावेवावभासते न सर्वत्र । यथा प्रतिबिम्बः स्वच्छेष्वेव दर्पणादिषु दृश्यते नान्यत्र तद्वदित्यर्थः ॥ १६ ॥ देहे स्थितस्याप्यात्मन औदासीन्यं राजदृष्टान्तेनाह ।

देहेन्द्रियमनोबुद्धिप्रकृतिभ्यो विलक्षणम् ।
तद्वृत्तिसाक्षिणं विद्यादात्मानं राजवत् सदा ॥ १७ ॥

देहेति । देहेन्द्रियमनोबुद्धिप्रकृतिभ्यो ,जडपरिणामिदृश्येभ्यो

विलक्षणं शुद्धात्मानं तत्तद्वृत्तीनां साक्षितया स्थितं यथा राजा स्व-
नगरेषु स्थितेषु मन्त्रिषु वर्तमानेषु स्वयं साक्षितया पश्यन् तिष्ठति
तद्वदेव विद्याज्जानीयादित्यर्थः ॥ १७ ॥ नन्वात्मनोऽविकारित्वमयुक्तं
सर्वदा व्यापारवान् दृश्यते तत्राह ।

व्यापृतेष्विन्द्रियेष्वात्मा व्यापारीवाविवेकिनाम् ।
दृश्यतेऽभ्रेषु धावत्सु धावन्निव यथा शशी ॥ १८ ॥

व्यापृतेष्विति । इन्द्रियादिषु स्वस्वविषयेषु व्यापृतेषु प्रवृत्तेषु स-
त्स्वात्मा व्यापारीवाविवेकिनां गुरुशास्त्राद्युपदेशरहितानां दृश्यते न
तु तत्त्वदृशाम् । यथा मेघखण्डेषु वायुवशाद्धावत्सु चन्द्रोऽपि धा-
वतीव लौकिकैर्दृश्यते न तु चन्द्रमा धावति तथात्मापीत्यर्थः ॥ १८ ॥
ननु देहेन्द्रियमनोबुद्धयोऽपि सचेतना दृश्यन्ते किमात्मचैतन्येन त-
त्राह ।

आत्मचैतन्यमाश्रित्य देहेन्द्रियमनोधियः ।
स्वकीयार्थेषु वर्तन्ते सूर्यालोकं यथा जनाः ॥ १९ ॥

आत्मचैतन्येति । नित्यज्ञानस्वरूपमात्मचैतन्यमाश्रित्य देहेन्द्रि-
यमनोबुद्ध्यादयः स्वकीयार्थेषु वर्तन्ते । यथा जनाः प्राणिनः सू-
र्यप्रकाशमाश्रित्य स्वविषयेषु स्वव्यापारेषु व्यवहरन्ति । अतश्चैतन्यं
ज्ञानमात्मन एव देहेन्द्रियादयस्तु सर्वे जडा इत्यर्थः ॥ १९ ॥ नन्वहं
जातोऽस्मि बाल्यकौमाराद्यवस्थामनुभवामि पश्यामीत्याद्यनवरत-

मनुभूयमानस्यात्मनः कथमविकारित्वमुच्यत इत्यत आह ।

देहेन्द्रियगुणान् कर्माण्यमले सच्चिदात्मनि ।
अध्यस्यन्त्यविवेकेन गगने नीलतादिवत् ॥ २० ॥

देहेन्द्रियेति । देहेन्द्रियमनोबुद्धिधर्मांश्च गुणांश्च सत्त्वादीन् कर्माणि कर्मेन्द्रियव्यापारान् मिथ्यातादात्म्येन स्थितेऽमले निर्मलेऽसङ्गरूपे सच्चिदात्मके परमात्मन्येतत् सामीप्याद्विवेकतोऽध्यस्यन्ति । यथा गगने नीलतादि । अतस्त आत्मधर्मा न सम्भवन्ति । अपितु देहादिधर्मा एवेत्यर्थः ॥२०॥ ननु कर्तृत्वभोक्तृत्वादिकमात्मन्यनवरतमनुभूयमानत्वाद्दुर्वारमित्याशङ्क्य तदपि तथैव मिथ्येत्याह ।

अज्ञानान्मानसोपाधेः कर्तृत्वादीनि चात्मनि ।
कल्प्यन्तेऽम्बुगते चन्द्रे चलनादि यथाम्भसः ॥ २१ ॥

अज्ञानेति । अज्ञानवशान्मानसो य उपाधिरहङ्कारस्तस्यैव कर्तृत्वादयो धर्मास्ते त्वज्ञानवशादात्मनि कल्प्यन्ते । यथाम्भसश्चलनादिकमम्बुनि प्रतिबिम्बिते चन्द्रमस्यविवेकतः कल्प्यन्ते तद्वदात्मनीत्यर्थः ॥ २१ ॥ रागेच्छासुखदुःखादीनात्मधर्मान् मन्यन्ते वैशेषिकादयस्तान् निराकरोति ।

रागेच्छासुखदुःखादि बुद्धौ सत्यां प्रवर्तते ।
सुषुप्तौ नास्ति तन्नाशे तस्माद्बुद्धेस्तु नात्मनः ॥ २२ ॥

रागेति । रागेच्छासुखदुःखप्रयत्नादिकं सर्वं बुद्धेरेव न त्वात्म-

नः । जाग्रत्स्वप्नयोर्बुद्धौ सत्यां प्रवर्तते सुषुप्तौ तस्या बुद्धेर्नाशे कारणे लये न च प्रवर्तते तस्माद्बुद्धेरेव धर्मो न त्वात्मन इति ॥ २२ ॥ ननु तर्ह्यात्मा कीदृक्स्वभाव इत्याशङ्क्यात्मस्वभावमुपदिशति ।

प्रकाशोऽर्कस्य तोयस्य शैत्यमग्नेर्यथोष्णता ।
स्वभावः सच्चिदानन्दनित्यनिर्मलतात्मनः ॥ २३ ॥

प्रकाशेति । यथा प्रकाश एवार्कस्य स्वभावस्तोयस्य शैत्यमग्नेरुष्णता तथात्मनोऽपि सच्चिदानन्दनित्यनिर्मलता स्वभावः स्वरूपमित्यर्थः ॥ २३ ॥ ननु यद्यविकार्यात्मा तर्हि जानामीति प्रत्ययः कथमित्यपेक्षायामाह ।

आत्मनः सच्चिदंशश्च बुद्धेर्वृत्तिरिति द्वयम् ।
संयोज्य चाविवेकेन जानामीति प्रवर्तते ॥ २४ ॥

आत्मन इति । प्रत्यगात्मनः सच्चिदंशस्तांश इवांश आत्माभासो बुद्धेर्वृत्तिस्तैतद्द्वयमविवेकेन संयोज्यासङ्गस्यात्मनः केनापि संयोगो नास्त्येव तथाप्यज्ञानवशान्मेलनं सम्भाव्य जानामीति प्रत्ययोऽहंकारवृत्तिः प्रवर्तते तत्केवले प्रत्यगात्मनि कश्चिद्विकारो नास्तीति भावः ॥ २४ ॥ एतदेव स्पष्टयति ।

आत्मनो विक्रिया नास्ति बुद्धेर्बोधो न जात्विति ।
जीवः सर्वमलं ज्ञात्वा कर्ता द्रष्टेति मुह्यति ॥ २५ ॥

आत्मन इति । आत्मा स्वभावादेव विकारशून्यो बुद्धेः कदाचिदपि बोधशङ्कैव नास्ति जडत्वात् तथापि जीवः साभासाहङ्कारः सर्वं साभासान्तःकरणवृत्तीनां तप्तायःपिण्डवदेकत्व सङ्गतमेवमलमत्यर्थं ज्ञात्वा देहेन्द्रियादिकमहमिति विचार्याहं कर्ताहं द्रष्टेति मुह्यति भ्रान्तो भवतीत्यर्थः ॥ २५ ॥ आत्मा स्वयमेव स्वस्मिन्नविवेकेनान्यधर्मानारोप्य बिभेतीत्याह ।

रज्जुसर्पवदात्मानं जीवं ज्ञात्वा भयं वहेत् ।
नाहं जीवः परात्मेति ज्ञातश्चेन्निर्भयो भवेत् ॥ २६ ॥

रज्जुवति । यथा मन्दान्धकारादौ विकाररहितरज्ज्वादौ सर्पाद्यारोपणं कृत्वा भयं कम्पादिकं वहेदेवमात्मापि स्वस्मिन् जीवत्वमारोप्य सद्वितीयं परिच्छिन्नं ज्ञात्वा भयदुःखसागरे मग्नो भवति । यदा शास्त्राचार्यप्रसादेन शास्त्रार्थज्ञानमुत्पन्नं भवति तदा विवेकचक्षुषा स्वात्मानमखण्डानन्दज्ञानैकरूपं सम्पश्येत् ततो नाहं जीवः परमात्माहमिति ज्ञात्वा भयदुःखादिरहितः सुखी भवेत् ॥ २६ ॥ नन्वात्मात्यन्तसामीप्यकैर्बुद्धिमनोऽहङ्कारादिभिः कथं नावलोक्यते न ज्ञायते तत्राह ॥

आत्मावभासयत्येको बुद्ध्यादीनीन्द्रियाणि च ।
दीपो घटादिवत् स्वात्मा जडैस्तैर्नावभास्यते ॥ २७ ॥

आत्मेति । आत्मा केवल एव सन्नपि बुद्धिमनोऽहङ्कारादीनवभासयति तैर्जडैर्मनश्चक्षुरादिभिर्नावभास्यते । यथैक एव दीपो घटादीन् सर्वानपि प्रकाशयति प्रकाशितैर्घटादिभिर्नावभास्यते तद्वदित्यर्थः ॥ २७ ॥ नन्वात्मा बुद्ध्यहङ्कारादिभिर्यदि नावभास्यते तर्ह्यात्मज्ञाने ज्ञानान्तरेण भवितव्यमित्याशङ्क्य नेत्याह ॥

स्वबोधे नान्यबोधेच्छा बोधरूपतयात्मनः ।
न दीपस्यान्यदीपेच्छा यथा स्वात्मप्रकाशने ॥ २८ ॥

स्वबोधेति । आत्मनो बोधरूपत्वात् स्वबोधे नित्ये सति तस्यात्मनो बोधाय ज्ञानाय ज्ञानान्तरापेक्षा नास्त्येवानुभवस्वरूपत्वात् । यथा दीपस्य स्वप्रकाशने दीपान्तरापेक्षा नास्ति तद्वदित्यर्थः ॥ २८ ॥ ननु यदि बुद्ध्यादिभिरात्मा ज्ञेयो न भवेत् तर्ह्यात्मज्ञाने उपायान्तरं वक्तव्यं स उपायः क इत्यत आह ॥

निषिध्य निखिलोपाधीन् नेति नेतीति वाक्यतः ।
विद्यादैक्यं महावाक्यैर्जीवात्मपरमात्मनोः ॥ २९ ॥

निषिध्येति । अथात आदेशो नेति नेतीत्यतन्निरसनात्मकैर्वेदवाक्यैर्निखिलोपाधीन् निषिध्यानात्मत्वेन ज्ञात्वा तत्त्वमस्ययमात्मा

ब्रह्म तदहमित्यादिवाक्यैर्लक्षणया ब्रह्मात्मैक्यज्ञानं विद्यात् प्राप्नुयादनेन प्रकारेण जानीयादित्यर्थः ॥ २९ ॥ आत्मस्वरूपज्ञानेऽतन्निरसनाभावे का नः क्षतिरित्याशङ्क्यातन्निरसनाभाव आत्मा ज्ञातुमशक्यो यथा नायं सर्प इत्यारोपितस्यापाकरणाभावे रज्जुज्ञानं नोत्पद्यते तद्वदनात्मनिरसनाभावे नात्मा ज्ञातव्य इत्याशयेनाह ॥

आविद्यकं शरीरादि दृश्यं बुद्बुदवत् क्षरम् ।
एतद्विलक्षणं विद्यादहं ब्रह्मेति निर्मलम् ॥ ३० ॥

आविद्यकमिति । देहेन्द्रियादि सर्वं दृश्यजातमाविद्यकं दृश्यत्वाद्बुद्बुदवत् । क्षरं नश्वरम् । एतद्विलक्षणं निर्मलं निरुपाधिकं नित्यमेकं सच्चिदानन्दात्मकं ब्रह्मैवाहमस्मीति विद्यात् ततः कृतकृत्यो भवतीत्यर्थः ॥ ३० ॥ एवमुक्तरीत्यात्मानमद्वयानन्दं वाक्यार्थज्ञानेनापरोक्षतया ज्ञात्वा स्वानुभवावष्टम्भेन स्वात्मन्यवात्मज्ञानमननप्रकारमाह पञ्चभिः श्लोकैः ।

देहान्यत्वान्न मे जन्मजराकार्श्यलयादयः ।
शब्दादिविषयैः सङ्गो निरिन्द्रियतया न च ॥ ३१ ॥

देहेति । देहान्यत्वाज्जडदृश्यत्वादिस्वभावस्थूलशरीरादन्यत्वान्मे जन्मजराकार्श्यलयादयो न सन्ति । इन्द्रियादिभिरसङ्ग-

त्वान्मे शब्दादिविषयैर्भोगैः सङ्गोऽनुभवो नास्त्येव ॥ ३१ ॥

अमनस्त्वान्न मे दुःखरागद्वेषभयादयः ।
अप्राणो ह्यमनाः शुभ्र इत्यादिश्रुतिशासनात् ॥ ३२ ॥

अमनस्त्वादिति । कथमिन्द्रियप्राणमनसामभावस्तवेत्याशङ्क्य श्रुतिं प्रमाणयति । अप्राणो ह्यमनाः शुभ्रो ह्यक्षरात् परतः परः । एतस्माज्जायते प्राणो मनः सर्वेन्द्रियाणि च । खं वायुर्ज्योतिरापश्च पृथिवी विश्वस्य धारिणी । स्पष्टोऽर्थः ॥ ३२ ॥ गुरुप्रसादात् स्वानुभवसिद्धमर्थं चाभिनयति निर्गुण इत्यादिभिस्त्रिभिः श्लोकैः ।

निर्गुणो निष्क्रियो नित्यो निर्विकल्पो निरञ्जनः ।
निर्विकारो निराकारो नित्यमुक्तोऽस्मि निर्मलः ॥ ३३ ॥

अहं निर्गुणो बुद्ध्याद्यभावात् । निष्क्रिय इन्द्रियाद्यभावात् । नित्योऽपक्षयाभावात् । निर्विकल्पः सङ्कल्पाभावात् । निरञ्जनोऽसङ्गत्वात् । निर्विकारः षोडशकलात्मकलिङ्गदेहशून्यत्वात् । निराकारो निरवयवत्वात् । नित्यमुक्तो बन्धाभावात् । निर्मलोऽविद्यातत्कार्यरहितत्वात् ॥ ३३ ॥ ननु पर्वोक्तैर्हेतुभिरेवंविशिष्टस्वरूपमस्मासिषमित्युक्तं तत् किंविशिष्टमित्याशङ्क्याह ।

अहमाकाशवत् सर्वबहिरन्तर्गतोऽच्युतः ।
सदा सर्वसमः शुद्धो निःसङ्गो निर्मलोऽचलः ॥ ३४ ॥

अहमाकाशेति । अहमाकाशवत् सर्वस्य दृश्यजातस्य बहिरन्तर्गतोऽच्युतश्च्युतिरहितः सदा सर्वसमो विषमेष्वपि समो व्याप्य स्थितस्तथा शुद्धो निर्लेपो निःसङ्गो देहादिसङ्गरहितोऽसङ्गो ह्ययं पुरुष इति श्रुतेः । निर्मलो मायामलादिरहितोऽचलः पूर्णस्य चलनाभावात् ॥ ३४ ॥

नित्यशुद्धविमुक्तैकमखण्डानन्दमद्वयम् ।
सत्यं ज्ञानमनन्तं यत् परं ब्रह्माहमेव तत् ॥ ३५ ॥

नित्येति । एकमखण्डानन्दं द्वितीयाभावादद्वयं सत्यं ज्ञानमनन्तं यत् परं ब्रह्मेति श्रुत्या प्रतिपाद्यते तत् परं ब्रह्मैवाहमस्मीति स्वरूपतत्त्वं कथितम् ॥ ३५ ॥ पूर्वश्लोकोक्तमननं चिरकालाभ्यस्तं सत् पुरुषार्थं साधयतीत्याह ।

एवं निरन्तरं कृत्वा ब्रह्मैवास्मीति भावना ।
हरत्यविद्याविक्षेपान् रोगानिव रसायनम् ॥ ३६ ॥

एवमिति । एवमुक्तप्रकारेण ब्रह्मैवाहमस्मीति नैरन्तर्येण चिरकालाभ्यस्ता भावनाविद्याकृतचित्तविक्षेपान् निःशेषतो नाशयति । यथा रसायनमौषधं चिरकालसेवितं सद्रोगान् निःशेषतो नाशयति तद्वदित्यर्थः ॥ ३६ ॥ ब्रह्मानुसन्धाने साधननियमानाह ।

विविक्तदेश आसीनो विरागो विजितेन्द्रियः ।
भावयेदेकमात्मानं तमनन्तमनन्यधीः ॥ ३७ ॥

विविक्तेति । विविक्तदेशे जनसम्बाधवर्जितदेशे आसीनः सुखमुपविष्टो विरागः सर्वत्र गताभिलाषोऽत एव विनिर्जितानीन्द्रियाणि येन सः । तमनन्तमपरिच्छिन्नमेकमद्वयमात्मानमनन्यधीर्ब्रह्मण्येव स्थिता निश्चयात्मिका बुद्धिर्यस्य तादृशो भावयेत् ॥ ३७ ॥ ननु दृश्यप्रपञ्चे जाग्रति कथमेकत्वभावनासम्भव इत्यत आह ।

आत्मन्येवाखिलं दृश्यं प्रविलाप्य धिया सुधीः ।
भावयेदेकमात्मानं निर्मलाकाशवत् सदा ॥ ३८ ॥

आत्मनीति । अखिलं दृश्यजातं सुधीः शुद्धान्तःकरणः सन् शुद्धया धियात्मन्येव समाधिसमये प्रविलाप्य प्रकर्षेण नाशयित्वा तदा द्वितीयाभावादेकमात्मानं सदा व्योमाकाशवद्भावयन्नवतिष्ठेत ॥ ३८ ॥ परमार्थदर्शी मुनिर्नामरूपवर्णादिकं सर्वं विहाय परिपूर्णज्ञानानन्दस्वरूपेणैवावतिष्ठत इत्याह ।

नामरूपादिकं सर्वं विहाय परमार्थवित् ।
परिपूर्णचिदानन्दस्वरूपेणावतिष्ठते ॥ ३९ ॥

नामरूपादिकमिति श्लोकस्य स्पष्टोऽर्थः ॥ ३९ ॥ ननु प्रमाणादित्रिपुटीज्ञानं वर्तमानमुपलभ्यते कथमेकत्वभावनेत्याशङ्क्य परमात्मनि भेदो नास्तीत्याह ।

ज्ञातृज्ञानज्ञेयभेदः परे नात्मनि विद्यते ।
चिदानन्दैकरूपत्वाद्दीप्यते स्वयमेव तत् ॥ ४० ॥

ज्ञातृज्ञानेति । ज्ञातृज्ञानज्ञेयभेदः पर आत्मनि न विद्यते स भेदः कल्पितात्मन्येव भाति । ज्ञानानन्दैकरूपत्वादात्मा स्वयमेव दीप्यते प्रकाशते ॥ ४० ॥ एवं विशुद्धवस्तुध्यातुः प्रत्यक्षफलमाह ।

एवमात्मारणौ ध्यानमथने सततं कृते ।
उदितावगतिर्ज्वाला सर्वाज्ञानेन्धनं दहेत् ॥ ४१ ॥

एवमिति । आत्मारणौ । आत्मान्तःकरणमेवारणिस्तस्मिन् । प्रणव एवोत्तरारणिर्ध्यानेन तयोर्मथने सर्वदा कृते तथोदिता ज्वालारूपावगतिर्ज्ञानं विद्याज्ञानमेवेन्धनं मूलाज्ञानं निःशेषतः सपरिवारं नाशयति तदा मुमुक्षुः स्वाराज्येऽभिषिक्तः कृतकृत्यो भवतीत्यर्थः ॥ ४१ ॥ एवं जीवपरमात्मनोरत्यन्तैक्यज्ञानेनाविद्यापरिकल्पितान्धतमसे निःशेषमपयाते सति परमात्मा स्वयमेवाविर्भवेदित्याह ।

अरुणेनेव बोधेन पूर्वं सन्तमसे हृते ।
तत आविर्भवेदात्मा स्वयमेवांशुमानिव ॥ ४२ ॥

अरुणेनेति । अरुणप्रकाशेनादावन्धकारक्षयेंऽशुमान् यथाविर्भवेत् तद्वदात्मापीत्यर्थः ॥ ४२ ॥ आत्मा सर्वदा परोक्षस्वभा-

त्वादप्राप्त एव स आत्मा कदा प्राप्तो भवेदिति शिष्याभिप्राये-णाह ।

आत्मा तु सततं प्राप्तोऽप्यप्राप्तवदविद्यया ।
तन्नाशे प्राप्तवद्भाति स्वकण्ठाभरणं यथा ॥ ४३ ॥

आत्मेति । आत्मा तु सर्वत्र पूर्णोऽद्वयानन्दरूपः सर्वदा प्राप्त एवाविद्यावशाद्भ्रान्त्याप्राप्त इवाभाति । तन्नाशे तदावरणाविद्यानाशे वाक्यश्रवणात् प्राप्त इव भाति कण्ठगतचामीकरन्यायादित्यर्थः ॥ ४३ ॥ ननु जीवस्य परमात्मन्येकत्वमयुक्तमित्याशङ्क्याह ।

स्थाणौ पुरुषवद्भ्रान्त्या कृता ब्रह्मणि जीवता ।
जीवस्य तात्त्विके रूपे तस्मिन् दृष्टे निवर्तते ॥ ४४ ॥

स्थाणाविति । यथान्धकारे स्थितस्थाणौ पुरुषोऽयमिति चोरशङ्कया बिभेति तथैवाविचाराद्ब्रह्मणि जीवत्वमारोप्यते तथा शास्त्रोपदेशजनितविवेकदृष्ट्या तस्य जीवस्य तात्त्विके रूपे लक्ष्ये तत्त्वंपदार्थे दृष्टेऽज्ञानकल्पितत्वाज्जीवत्वमपि निवर्तते । ब्रह्मैवाहमिति जानातीत्यर्थः ॥ ४४ ॥ नन्वहं ममेत्यज्ञानप्रत्यये जाग्रति कथं नाहमिति प्रत्यय इत्याशङ्क्य तदपि तथैव स्फेटयत्याह ।

तत्त्वस्वरूपानुभवादुत्पन्नं ज्ञानमञ्जसा ।
अहं ममेति चाज्ञानं बाधते दिग्भ्रमादिवत् ॥ ४५ ॥

तत्त्वेति । जीवपरमात्मनोरेकत्वानुभवादुत्पन्नं यज्ज्ञानं तदहं ममेत्यज्ञानं बाधते । दिग्भ्रमादिवदिति । भानुदर्शनादित्यर्थः ॥ ४५ ॥ अहं ममेति प्रत्यये नष्टे योगी सम्यग्विज्ञानवान् सन् विज्ञानेन चक्षुषा सर्वं दृश्यप्रपञ्चं स्वात्मन्येवानुभवेन पश्यतीत्याह ।

सम्यग्विज्ञानवान् योगी स्वात्मन्येवाखिलं जगत् ।
एकं च सर्वमात्मानमीक्षते ज्ञानचक्षुषा ॥ ४६ ॥

सम्यगिति । एकमात्मानं सर्वं यदा पश्यति तदा कृतकृत्यो भवतीति भावः ॥ ४६ ॥ नन्वात्मानं सर्वं पश्यतीति प्रत्यक्षविरोधाज्ञानात्वेन दृश्यमानमिदं स कथमात्मन्यभेदेन पश्यतीत्यत्राह ।

आत्मैवेदं जगत् सर्वमात्मनोऽन्यन्न विद्यते ।
मृदो यद्वद्घटादीनि स्वात्मानं सर्वमीक्षते ॥ ४७ ॥

आत्मैवेति । इदं सर्वं जगदात्मैवात्मकार्यत्वादर्थतोऽन्यदात्मनो न किञ्चिद्विद्यते । यथा घटशरावादि मृत्कार्यं मृदोऽन्यन्नास्ति । अतः स्वात्मन्येव सर्वं दृश्यजातमभेदेनेक्षते पश्यति । वाचारम्भणं विकारो नामधेयं मृत्तिकेत्येव सत्यमिति श्रुतेः ॥ ४७ ॥ एवं भूतावस्थैव जीवन्मुक्तस्येत्याह ।

जीवन्मुक्तस्तु तद्विद्वान् पूर्वोपाधिगुणांस्त्यजेत् ।
सच्चिदानन्दरूपत्वाद्भवेद्भ्रमरकीटवत् ॥ ४८ ॥

जीवन्निति । अनाद्यविद्यापरिकल्पितपूर्वोपाधिदेहमनोबुद्ध्यादीन् गुणान् सत्त्वादीन् परित्यजेदिति । एतदेव जीवन्मुक्तिरित्युच्यते । सच्चिदानन्दरूपत्वाद्भ्रमरकीटवत् साक्षाद्ब्रह्मात्मा भवेत् प्राप्नोतीत्यर्थः ॥ ४८ ॥ तत्त्वतः स्वात्मारामः सुखं तिष्ठतीत्याह ।

तीर्त्वा मोहार्णवं हत्वा रागद्वेषादिराक्षसान् ।
योगी शान्तिसमायुक्त आत्मारामो विराजते ॥ ४९ ॥

तीर्त्वेति । मोह एवार्णवोऽब्धिरपर्यन्तत्वात् तं ज्ञानप्लवेन तीर्त्वा निःशेषं नाशयित्वा रागद्वेषादय एव राक्षसा मोक्षपरिपन्थिनस्तान् निःशेषेण नाशयित्वा शान्तिसमायुक्तः शमदमादिसहितः । आत्मारामः । आत्मन्येवारामः क्रीडा यस्य स विराजते स्वाराज्येनाभिषिक्तः प्रकाशते । अथार्थान्तरं ध्वन्यते श्रीरामाख्यो रामः समुद्रं तीर्त्वा रावणादीन् राक्षसान् हत्वा सीतैव शान्तिस्तया सीतया समेतो विराजतेऽयोध्यायाम् ॥ ४९ ॥ जीवन्मुक्तस्य लक्षणमाह ।

बाह्यानित्यसुखासक्तिं हित्वात्मसुखनिर्वृतः ।
घटस्थदीपवत् शश्वदन्तरेव प्रकाशते ॥ ५० ॥

बाह्यानित्येति । बाह्येन्द्रियविषयोद्भवानित्यसुखस्यासक्तिं प्रीतिं

वासनां छित्वा। अत्र हेतुरात्मसुखेन निर्वृतः। आनन्दमयो घटस्थ-दीपवदन्तरेव प्रकाशते स्वसाक्षिकमेवात्मानुभवसुखमितरैर्न ज्ञायत इत्यर्थः ॥ ५० ॥ एवमुक्तप्रकारेण जीवन्मुक्तः सम्प्राप्तप्रारब्धसङ्क्ष-यादेवं तेन वर्तितव्यमित्याह।

उपाधिस्थोऽपि तद्धर्मैर्न लिप्तो व्योमवन्मुनिः।
सर्वविन्मूढवत् तिष्ठेदसक्तो वायुवच्चरेत् ॥ ५१ ॥

उपाधीति। देहोपाधौ साक्षित्वेन स्थितोऽपि मुनिर्व्योमवत् तद्धर्मैर्नानुलिप्तो मम कर्मलेपो नास्तीति भावयेत्। सर्वज्ञोऽपि मूढवत् प्राकृतवत् तिष्ठेत्। सर्वत्र विषयेषु यदृच्छया प्राप्तेष्व-नासक्त आसक्तिरहितः सन् वायुवच्चरेन्निवर्तयेत्। ॥ ५१ ॥ प्रार-ब्धक्षये देहोपाधौ लीने विदेहकैवल्यमाह।

उपाधिविलयाद्विष्णौ निर्विशेषं विशेन्मुनिः।
जले जलं वियद्व्योम्नि तेजस्तेजसि वा यथा ॥ ५२ ॥

उपाधीति। उपाधिभूतदेहद्वयविलये प्रारब्धकर्मसङ्क्षये मुनि-र्योगी विष्णौ सर्वत्र व्यापके परब्रह्मणि निर्विशेषं यथा भवति तथा विशेत्। अत्यन्तैक्ये दृष्टान्तो जले जलमित्यादि ॥ ५२ ॥ ब्रह्मणः सर्वातिशयित्वात् तटस्थलक्षणेनाभिधत्ते श्लोकद्वयेन।

यल्लाभान्नापरो लाभो यत्सुखान्नापरं सुखम् ।
यज्ज्ञानान्नापरं ज्ञानं तद्ब्रह्मेत्यवधारयेत् ॥ ५३ ॥

यल्लाभादिति । यद्ब्रह्मसाक्षात्कारलाभादपरो लाभो न विद्यते सर्वलाभानां तत्रैवान्तर्भूतत्वात् । यथा ब्रह्मानन्दे क्षुद्रानन्दानामन्तर्भावः । यत्सुखाद्ब्रह्मानुभवसुखादपरं सुखं नास्ति निरतिशयसुखत्वात् । यज्ज्ञानाद्ब्रह्मसाक्षात्कारज्ञानादपरं ज्ञानं नास्ति मोक्षहेतुत्वात् तद्ब्रह्मेति जानीयात् ॥ ५३ ॥

यद्दृष्ट्वा नापरं दृश्यं यद्भूत्वा न पुनर्भवः ।
यज्ज्ञात्वा नापरं ज्ञेयं तद्ब्रह्मेत्यवधारयेत् ॥ ५४ ॥

यद्दृष्ट्वेति । यद्दृष्ट्वापरमन्यद्द्रष्टव्यं नास्ति तेनैव पुरुषार्थस्य सिद्धत्वात् । यद्भूत्वा येनैक्यं गत्वा पुनर्भवो जन्मादिकं नास्ति । यज्ज्ञात्वा यत्स्वरूपं ज्ञात्वान्यज्ज्ञेयं नास्ति तदेव ब्रह्मेत्यवधारयेत् । अन्यत् सर्वं वृथा पाण्डित्यमित्यर्थः ॥ ५४ ॥ तिर्यगूर्ध्वमधः सर्वत्र ब्रह्मैव पूर्णमित्याह ।

तिर्यगूर्ध्वमधः पूर्णं सच्चिदानन्दमव्ययम् ।
अनन्तं नित्यमेकं यत् तद्ब्रह्मेत्यवधारयेत् ॥ ५५ ॥

तिर्यगिति । तिर्यगूर्ध्वमध इति स्पष्टोऽर्थः ॥ ५५ ॥ अखण्डा-

नन्दमेकं ब्रह्म वेदान्तैरतद्व्यावृत्तिरूपैरतन्निरसनेन ज्ञातव्यमित्याह ।

अतद्व्यावृत्तिरूपेण वेदान्तैर्लक्ष्यतेऽव्ययम् ।
अखण्डानन्दमेकं यत् तद्ब्रह्मेत्यवधारयेत् ॥ ५६ ॥

अतद्व्यावृत्तीति । अतद्व्यावृत्तीति स्पष्टोऽर्थः ॥ ५६ ॥ ननु ब्रह्मादयोऽपि निरतिशयानन्दिन एव श्रूयन्ते तत्राह ।

अखण्डानन्दरूपस्य तस्यानन्दलवाश्रिताः ।
ब्रह्माद्यास्तारतम्येन भवन्त्यानन्दिनो लवाः ॥ ५७ ॥

अखण्डानन्देति । ब्रह्मेन्द्रादयः परिच्छिन्नानन्दिन एव ब्रह्म त्वखण्डानन्दरूपत्वादपरिच्छिन्नानन्दमेव स्वरूपं यस्य तस्यानन्दसमुद्रस्यानन्दलवं लेशमाश्रित्य ब्रह्मेन्द्रादयोऽप्यानन्दिनो भवन्त्यानन्दतारतम्येन । एतस्यैवानन्दस्यान्यानि भूतानि मात्रामुपजीवन्तीति श्रुतेः ॥ ५७ ॥ ननु परप्रेमास्पदतयात्मैव भातीत्युच्यते एतदयुक्तमनात्मापि देहादिप्रपञ्चः प्रियतरोऽनुभूयत इत्याशङ्क्याह ।

तद्युक्तमखिलं वस्तु व्यवहारस्तदन्वितः ।
तस्मात् सर्वगतं ब्रह्म क्षीरे सर्पिरिवाखिलम् ॥ ५८ ॥

तद्युक्तेति । अखिलं देहाद्यनात्मवस्त्वपि तद्युक्तं तेनात्मना संयुक्तमेव प्रियतमं लौकिकोऽपि व्यवहारस्तद्युक्त एव प्रियतरस्तस्मात्

सर्वगतं ब्रह्मात्यन्तप्रियम् । यथा क्षीरं सर्वं व्याप्य घृतमेवावति-
ष्ठते । तस्मादस्त्वपि ब्रह्माध्यासत्वात् प्रियतममेव भाति । अत आ-
त्मैव प्रियतम इति सिद्धम् ॥ ५८ ॥ ननु तर्ह्यात्मा केन प्रकारेण
सर्वं व्याप्य तिष्ठतीति जानीयादित्याशङ्क्य साक्षादनुभवक्यत्वाद-
नण्वस्थूलमिति श्रुतेः सत्तारूपेण भातीत्याह ।

अनण्वस्थूलमह्रस्वमदीर्घमजमव्ययम् ।
अरूपगुणवर्णाख्यं तद्ब्रह्मेत्यवधारयेत् ॥ ५९ ॥

अनण्वस्थूलमिति । स्पष्टोऽर्थः ॥ ५९ ॥ पुनस्तद्ब्रह्मज्ञानार्थं श्लो-
कद्वयेन पृथङ्निरूपयति ।

यद्भासा भास्यतेऽर्कादिर्भास्यैर्यत्तु न भास्यते ।
येन सर्वमिदं भाति तद्ब्रह्मेत्यवधारयेत् ॥ ६० ॥

यद्भासेति । यद्वस्तु भासा भान्वादीन् भासयते यद्भास्यैरर्का-
दिभिर्न भास्यते न तत्र सूर्यो भाति न चन्द्रतारकं नेमा विद्युतो
भान्ति कुतोऽयमग्निस्तमेव भान्तमनुभाति सर्वं तस्य भासा सर्व-
मिदं विभातीति श्रुतेः । येन सर्वमिदं भूतभौतिकं भावरूपं जग-
द्भाति तद्ब्रह्मेति जानीयात् ॥ ६० ॥ तप्तायःपिण्डवत् स्वयमेवा-
न्तर्बहिर्व्याप्य भासयन्नखिलं ब्रह्म प्रकाशत इत्याह ।

स्वयमन्तर्गतं व्याप्य भासयन्नखिलं जगत् ।
ब्रह्म प्रकाशते वह्निप्रतप्तायसपिण्डवत् ॥ ६१ ॥

स्वयमिति । स्वयमन्तर्गतमिति स्पष्टोऽर्थः ॥ ६१ ॥ पुनस्तदेवाह ।

जगद्विलक्षणं ब्रह्म ब्रह्मणोऽन्यन्न किञ्चन ।
ब्रह्मान्यद्भाति चेन्मिथ्या यथा मरुमरीचिका ॥ ६२ ॥

जगद्विलक्षणमिति । सर्वं ब्रह्मैव सत्यं तथापि जगद्रूपेण यदा पश्यति तदा दृश्यते जगदिति । जगद्विलक्षणत्वेन तत्कार्यत्वेन विचार्य तत्र ज्ञातुं शक्यं ब्रह्मणोऽन्यन्न विद्यते यदि ततोऽन्यद्दृश्यते यत् किञ्चित् तन्मृषैव मरुमरीचिकाजलवदित्यर्थः ॥ ६२ ॥ पुनस्तदेव स्फुटं निरूपयति ।

दृश्यते श्रूयते यद्यद्ब्रह्मणोऽन्यन्न किञ्चन ।
तत्त्वज्ञानाच्च तद्ब्रह्म सच्चिदानन्दमद्वयम् ॥ ६३ ॥

दृश्यत इति । चक्षुषा यद्दृश्यते श्रोत्रेण यच्छ्रूयते यन्मनसा स्मर्यते यच्च वाचाभिधीयते तत्त्वज्ञानात् तत् सर्वं ब्रह्मैव सच्चिदानन्दमद्वयम् । ब्रह्मणोऽन्यन्न किञ्चिदस्तीति भावः ॥ ६३ ॥ ननु यदि सर्वगतं ब्रह्म तत् सर्वैः किं न दृश्यत इत्याशङ्क्याह ।

सर्वगं सच्चिदात्मानं ज्ञानचक्षुर्निरीक्षते ।
अज्ञानचक्षुर्नेक्षेत भास्वन्तं भानुमन्धवत् ॥ ६४ ॥

सर्वगेत्यादि । चक्षुरादिभिर्न दृश्यत इत्येतत् श्रुत्या प्रतिपादयति । न चक्षुषेति । न चक्षुषा पश्यति कश्चिदेनं हृदा मनीषा मनसाभिक्लृप्तो य एनं विदुरमृतास्ते भवन्ति । यो ज्ञानचक्षुः स सर्वगतमपि सच्चिदानन्दं ब्रह्म पश्यति । यस्त्वज्ञानचक्षुः स न पश्यति । यथा प्रकाशमानमपि भानुमन्धो न पश्यति । ज्ञानप्रसादेन चक्षुषा विशुद्धसत्त्वो निरस्ताविद्यः सर्वदा सर्वत्र ब्रह्मैव पश्यतीत्यर्थः । ६४ । एवमुक्तरीत्यात्मानुभवसम्पन्नस्यापि तदभ्यासरचितस्य वासनावशात् किञ्चिदज्ञानं सम्भवति तत्परिहारार्थं पुनः श्रवणादि कुर्यादित्याह ।

श्रवणादिभिरुद्दीप्तो ज्ञानाग्निपरितापितः ।
जीवः सर्वमलान्मुक्तः स्वर्णवद् द्योतते स्वयम् ॥ ६५ ॥

श्रवणेति । जीवः प्रत्यगात्मैतत्प्रकरणार्थैः पुनः श्रवणमननादिभिरुद्दीप्तः प्रकाशितो ज्ञानमेवाग्निस्तेन परितापितः परिशोधितः शोभत इत्यर्थः । सर्वसंसारमूलभूताज्ञानमलान्मुक्तः स्वयमेव सम्यक् प्रकाशते । यथाग्निना परितापितं स्वर्णमौपाधिकं दुर्वर्णादिकं त्यक्त्वा स्वस्वरूपेण प्रकाशते तद्वदित्यर्थः । ६५ । एवं शोधितो जीवः

परमात्मा हृदाकाश उदितः सन् तमोऽज्ञानमुपसंहरन् भानुवत् पूर्णस्वरूपः प्रकाशत इत्याह ।

हृदाकाशोदितो ह्यात्मा बोधभानुस्तमोऽपहृत् ।
सर्वव्यापी सर्वधारी भाति सर्वं प्रकाशते ॥ ६६ ॥

हृदेति । बोध एव भानुः सर्वस्याधारभूतत्वात् सर्वव्यापी सर्वधारी च शेषं स्पष्टम् ॥ ६६ ॥ नन्वात्मनो ज्ञानप्रतिबन्धकदुरितपरिहारार्थं प्रयागादितीर्थसेवा योगिना कर्तव्य इत्याशङ्क्यात्मतीर्थसेवातस्य न किञ्चित् कर्तव्यमस्तीत्याह ।

दिग्देशकालाद्यनपेक्ष्य सर्वगं
शीतादिहृन्नित्यसुखं निरञ्जनम् ।
यः स्वात्मतीर्थं भजते विनिष्क्रियः
स सर्ववित् सर्वगतोऽमृतो भवेत् ॥ ६७ ॥

॥ इत्यात्मबोधः समाप्तः ॥

दिग्देशेति । यो विनिष्क्रियः परमहंसः स्वात्मतीर्थं भजते स सर्ववित् सर्वज्ञः सर्वत्र परमात्मस्वरूपत्वादमृतो मुक्तो भवेत् । कथम्भूतं स्वात्मतीर्थं दिग्देशकालाद्यनपेक्ष्यैव सर्वगम् । शीतादि-

द्वन्द्वदुःखानि हरतीति शीतादिहृत्। नित्यसुखं मोक्षानन्दप्रापकत्वात्। इतरतीर्थेषु तद्वैपरीत्यं द्रष्टव्यम्। तस्मादात्मतीर्थे स्नातस्य न किञ्चिदवशिष्यत इति भावः॥ ६७॥ इति श्रीपरमहंसपरिव्राजकाचार्यगोविन्दभगवत्पूज्यपादशिष्यश्रीमच्छङ्कराचार्यविरचितात्मबोधप्रकरणव्याख्या समाप्ता।

॥ श्रीपरमेश्वरो जयति ॥

॥ तत्त्वबोधः ॥

वासुदेवेन्द्रयोगीन्द्रं नत्वा ज्ञानप्रदं गुरुम् ।
मुमुक्षूणां हितार्थाय तत्त्वबोधो विधीयते ॥

साधनचतुष्टयसम्पन्नाधिकारिणां मोक्षसाधनाभूतं तत्त्वविवेकप्रकारं वक्ष्यामः ।

साधनचतुष्टयं किम् ॥ १ ॥

नित्यानित्यवस्तुविवेकः । इहामुत्रार्थफलभोगविरागः । शमादिषट्कसम्पत्तिः । मुमुक्षुत्वं चेति ।

नित्यानित्यवस्तुविवेकः कः ॥ २ ॥

नित्यं वस्त्वेकं ब्रह्म तद्व्यतिरिक्तं सर्वमनित्यमयमेव नित्यानित्यवस्तुविवेकः ।

इहामुत्रार्थफलभोगविरागः कः ॥ ३ ॥

इह स्रक्चन्दनवनितादिषु । अमुत्र स्वर्गभोगेष्विच्छाराहित्यमेव ।

शमादिषट्कसम्पत्तिः का ॥ ४ ॥

शमो दम उपरतिस्तितिक्षा श्रद्धा समाधानं चेति ।

शमः कः ॥ ५ ॥

मनोनिग्रहः ।

दमः कः ॥ ६ ॥

बाह्येन्द्रियनिग्रहः ।

उपरतिः का ॥ ७ ॥

स्वधर्मानुष्ठानमेव ।

तितिक्षा का ॥ ८ ॥

शीतोष्णसुखदुःखादिसहिष्णुत्वम् ।

श्रद्धा का ॥ ९ ॥

गुरुवेदान्तवाक्येषु विश्वासः ।

समाधानं किम् ॥ १० ॥

चित्तैकाग्रता ।

मुमुक्षुत्वं किम् ॥ ११ ॥

मोक्षो मे भूयादिति इच्छा । एतत्साधनचतुष्टयसम्पन्नास्तत्त्वविवेकस्याधिकारिणो भवन्ति ।

तत्त्वविवेकः कः ॥ १२ ॥

आत्मा सत्यस्तदन्यत् सर्वं मिथ्येति ज्ञानमेव ।

आत्मा कः ॥ १३ ॥

स्थूलसूक्ष्मकारणशरीराद्व्यतिरिक्तोऽवस्थात्रयसाक्षी सच्चिदानन्दस्वरूपो यस्तिष्ठति स आत्मा ।

स्थूलशरीरं किम् ॥ १४ ॥

पञ्चीकृतपञ्चमहाभूतैः कृतं सत् कर्मजन्यं सुखदुःखभोगायतनम् । अस्ति जायते वर्द्धते विपरिणमतेऽपक्षीयते विनश्यतीति षड्भावविकारैर्युक्तं यत् तत् स्थूलशरीरम् ।

सूक्ष्मशरीरं किम् ॥ १५ ॥

अपञ्चीकृतपञ्चमहाभूतैः कृतं सत् कर्मजन्यसुखादिभोगसाधनम् । ज्ञानेन्द्रियाणि पञ्च कर्मेन्द्रियाणि पञ्च प्राणादयः पञ्च मनश्चैकं बुद्धिरेका । एवं सप्तदशकलाभिः सह तिष्ठति यत् तत् सूक्ष्मशरीरम् ।

कारणशरीरं किम् ॥ १६ ॥

अनिर्वाच्यानाद्यविद्यारूपं शरीरद्वयस्य कारणभूतं सत् स्वस्वरूपाज्ञानं यदस्ति तत् कारणशरीरम् ।

अवस्थात्रयं किम् ॥ १७ ॥

जाग्रत्स्वप्नसुषुप्तयस्तिस्रोऽवस्थाः ।

जाग्रदवस्था का ॥ १८ ॥

श्रोत्रादिज्ञानेन्द्रियैः शब्दादिविषयो ज्ञायत इति यत् तत् जाग्रदवस्था । स्थूलशरीरैतदवस्थाभिमान्यात्मा विश्व इत्युच्यते ।

स्वप्नावस्था का ॥ १९ ॥

जाग्रदवस्थायां यद्दृष्टं यच्छ्रुतं तज्जनितवासनया निद्रासमये या प्रपञ्चप्रतीतिः सा स्वप्नावस्था। सूक्ष्मशरीरस्वप्नावस्थाभिमान्यात्मा तैजस इत्युच्यते।

सुषुप्त्यवस्था का ॥ २० ॥

अहं किमपि न जानामि सुखेन मया निद्रानुभूयत इति यत् तत् सुषुप्त्यवस्था। एतदवस्थाकारणशरीराभिमान्यात्मा प्राज्ञ इत्युच्यते।

पञ्च कोशाः के ॥ २१ ॥

अन्नमयः प्राणमयो मनोमयो विज्ञानमय आनन्दमयश्चेति।

अन्नमयः कः ॥ २२ ॥

अन्नरसेनैव भूत्वान्नरसेनैवाभिवृद्धिं सम्प्राप्यान्नरूपपृथिव्यां यद्विलीयते सोऽन्नमयः कोशः।

प्राणमयः कः ॥ २३ ॥

प्राणादिपञ्चवायवो वागादीन्द्रियपञ्चकं प्राणमयः कोशः।

मनोमयः कः ॥ २४ ॥

मनश्च ज्ञानेन्द्रियपञ्चकं च मिलित्वा मनोमयः कोशः।

विज्ञानमयः कः ॥ २५ ॥

बुद्धिर्ज्ञानेन्द्रियपञ्चकं च मिलित्वा विज्ञानमयः कोशः।

आनन्दमयः कोशः कः ॥ २६ ॥

प्रियमोदादिवृत्तिमत् स्वस्वरूपाज्ञानं यदस्ति तदानन्दमयः कोशः। एतत् कोशपञ्चकं च मदीयं शरीरं मदीयाः प्राणा मदीयं मनो मदीया बुद्धिर्मदीयमज्ञानमिति मदीयत्वेनैव ज्ञायते तद्यथा मदीयत्वेन ज्ञातं कुण्डलकटकगृहादिकं स्वस्माद्भिन्नं तथा मदीयत्वेन ज्ञातमात्मा न भवति।

तर्ह्यात्मा कः ॥ २७ ॥

सच्चिदानन्दस्वरूपः।

सत् किम् ॥ २८ ॥

कालत्रयेऽपि यत् तिष्ठति तत् सत्।

चित् किम् ॥ २९ ॥

साधनान्तरनैरपेक्ष्येण स्वयं प्रकाशमानतयेतरपदार्थावभासकं यत् तच्चित्।

आनन्दः कः ॥ ३० ॥

सुखस्वरूपः। एवं सच्चिदानन्दस्वरूपं स्वात्मानं विजानीयात्। अथ चतुर्विंशतितत्त्वोत्पत्तिप्रकारं वक्ष्यामः। ब्रह्माश्रया सत्त्वरजस्तमोगुणात्मिका माया अस्ति। ब्रह्मणस्तमोगुणप्रधानमायोपहितादाकाशः सम्भूतः। आकाशाद्वायुर्वायोस्तेजस्तेजस आपोऽद्भ्यः पृथिवी तेषां पञ्चतत्त्वानां मध्य आकाशस्य सात्त्विकांशाच्छ्रोत्रेन्द्रियं सम्भूतम्। वायोः सात्त्विकांशात् त्वगिन्द्रियं सम्भूतम्। अग्नेः सात्त्विकांशाच्चक्षुरिन्द्रियं सम्भूतम्।

जलस्य सात्त्विकांशाद्रसनेन्द्रियं सम्भूतम्। पृथिव्याः सात्त्विकांशाद्घ्राणेन्द्रियं सम्भूतम्। एतेषां पञ्चतत्त्वानां समष्टिसात्त्विकांशादन्तःकरणं तद्वृत्तिभेदान्मनोबुद्ध्यहङ्कारचित्तानीति चतुर्द्धा। एतेषां पञ्चतत्त्वानां मध्ये आकाशस्य राजसांशाद्वागिन्द्रियं सम्भूतं वायो राजसांशात् पाणीन्द्रियं सम्भूतं वन्हे राजसांशात् पादेन्द्रियं सम्भूतं जलस्य राजसांशात् पाय्विन्द्रियं सम्भूतं पृथिवीराजसांशादुपस्थेन्द्रियं सम्भूतम्। एतेषां पञ्चतत्त्वानां समष्टिराजसांशात् प्राणपञ्चकं सम्भूतम्। एतेषां पञ्चतत्त्वानां तमोगुणप्रधानानां पञ्चीकरणेन पञ्चमहाभूतानि भवन्ति।

पञ्चीकरणं कथम् ॥ ३१ ॥

एतेषु भूतेष्वेकमेकं भूतं द्विधा समं विभज्यैकमेकमर्द्धं तूष्णीं व्यवस्थाप्यापरमपरमर्द्धं चतुर्द्धा समं विभज्य स्वार्द्धभिन्नेष्वर्द्धेषु स्वभागचतुष्टयसंयोजनं पञ्चीकरणं भवति। एतेभ्यः पञ्चीकृतपञ्चमहाभूतेभ्यश्चतुर्विधस्थूलशरीरं ब्रह्माण्डं ब्रह्माण्डमध्ये चतुर्दश भुवनानि सम्भूतानि। स्थूलशरीराभिमानि जीवनामकं ब्रह्मप्रतिबिम्बं भवति। स एव जीव आत्मन्येव प्रकृत्या जीवेश्वरभेदहष्टिं कल्पयति। कथमिति चेत्। अविद्योपाधिः सन्नात्मा जीव इत्युच्यते। मायोपाधिः सन्नात्मा ईश्वर इत्युच्यते। एवमुपाधिभेदाज्जीवेश्वरभेदहष्टिर्यावत्पर्यन्तं तिष्ठति तावत्पर्यन्तं जन्ममरणा-

दिरूपसंसारो न निवर्तते । तस्मात् कारणाज्जीव एवेश्वर ईश्वर एव जीव इतीतराभेददृष्टिं जानीयात् । ननु साहङ्कारस्य किञ्चिज्ज्ञस्य जीवस्य निरहङ्कारस्य सर्वज्ञस्येश्वरस्य च कथमभेदबुद्धिः स्यादुभयोर्विरुद्धधर्माक्रान्तत्वादिति चेन्न । स्थूलसूक्ष्मशरीराभिमानी त्वम्पदवाच्योऽर्थः उपाधिविनिर्मुक्तं समाधिदशासम्पन्नं शुद्धचैतन्यं त्वम्पदलक्ष्योऽर्थः । एवं सर्वज्ञत्वादिविशिष्ट ईश्वरस्तत्पदवाच्यः । उपाधिशून्यं शुद्धचैतन्यं लक्ष्यम् । एवं च लक्ष्यार्थमादाय जीवेश्वरयोरभेदे बाधकाभावः । एवं वेदान्तवाक्यैः सद्गुरूपदेशेन सर्वेष्वपि भूतेषु येषां ब्रह्मबुद्धिरुत्पन्ना ते जीवन्मुक्ता इत्युच्यन्ते ।

ननु जीवन्मुक्तः कः । ३२ ।

यथा देहोऽहं पुरुषोऽहं ब्राह्मणोऽहं क्षत्रियोऽहं वैश्योऽहं शूद्रोऽहमस्मीति दृढनिश्चयस्तथा नाहं ब्राह्मणो न क्षत्रियो न वैश्यो न शूद्रो न पुरुषः किन्त्वसङ्गः सच्चिदानन्दस्वरूपः स्वप्रकाशरूपः सर्वान्तर्यामी चिदाकाशरूपोऽहमस्मीति दृढनिश्चयरूपापरोक्षज्ञानवान् ब्रह्मैवाहमस्मीत्यपरोक्षज्ञानेन निखिलकर्मबन्धविनिर्मुक्तो जीवन्मुक्तः ।

कर्माणि कतिविधानि । ३३ ।

आगामिसञ्चितप्रारब्धभेदेन त्रिविधानि सन्ति ।

आगामि कर्म किम् ॥ ३४ ॥

ज्ञानोत्पत्त्यनन्तरं ज्ञानिदेहकृतं पुण्यपापरूपं कर्म यदस्ति तदागामि कर्मेत्यभिधीयते ।

सञ्चितं कर्म किम् ॥ ३५ ॥

अनन्तकोटिजन्मनां बीजभूतं सद्यत् कर्मजातं पूर्वोपार्जितं तिष्ठति तत् सञ्चितं ज्ञेयम् ।

प्रारब्धं कर्म किम् ॥ ३६ ॥

इदं शरीरमुत्पाद्येहलोक एव सुखदुःखादिप्रदं यत् कर्म तत् प्रारब्धं भोगेन नष्टं भवति । प्रारब्धकर्मणां भोगादेव क्षय इति न्यायात् । सञ्चितं कर्म ब्रह्मैवाहमिति निश्चयात्मकज्ञानेन नश्यति ।

ज्ञानाग्निः सर्वकर्माणि भस्मसात् कुरुतेऽर्जुन ।

इति भगवद्वचनात् । किञ्चागामिकर्मणो नलिनीदलगतजलवज्ज्ञानिनां सम्बन्धो नास्ति । किञ्च ये ज्ञानिनं स्तुवन्ति भजन्त्यर्चयन्ति तान् प्रति ज्ञानिकृतागामिपुण्यं गच्छति । ये च ज्ञानिनं निन्दन्ति द्विषन्ति दुःखप्रदानं कुर्वन्ति तान् प्रति ज्ञानिकृतं सर्वमागामिक्रियमाणपदवाच्यं कर्म पापात्मकं गच्छति । तथा च श्रु-